F. M. Dostojewski

Notizen zur Weltliteratur

F. M. Dostojewski

Notizen zur Weltliteratur

Impressum

Original
Dostojewski, F. M. (1861): Notizen zur Weltliteratur. In: Petersburger Träume. München: R. Piper & Co. 1923: S. 149-158.

Autor: Fjodor Michailowitsch Dostojewski (1821-1881)

Übersetzung: Alexander Eliasberg (1879-1924)

Herausgegeben und kommentiert
Bibliografische Information der Deutschen Nationalbibliothek:
Die Deutsche Nationalbibliothek verzeichnet diese Publikation in der Deutschen Nationalbibliografie; detaillierte bibliografische Daten sind im Internet über http://dnb.dnb.de abrufbar.

© 2022 Pascal Heberlein
Herstellung und Verlag:
BoD – Books on Demand, Norderstedt
ISBN: 9783755779704

Notizen zur Weltliteratur

Vorwort des Herausgebers

Das Problem von Literaturkritik ist folgendes: Als eine Disziplin, die sich u. a. auf Erkenntnisse von Literaturwissenschaft bezieht, braucht sie *qua natura* feste Kriterien, warum ein Werk literarisch »gut« oder »schlecht« ist. Wenn es diese Kriterien aber gäbe, so gäbe es keine Debatten mehr darüber, ob ein Werk qualitativ hochwertig ist oder nicht. Ist dem aber nicht so und Literaturkritik hat eben jene *objektiven* Kriterien nicht, sondern speist sich allein aus *subjektiven* Geschmacksurteilen, dann dürfte es aller Wahrscheinlichkeit nach nicht so etwas wie »einen Kanon der Weltliteratur« geben. Denn wie kann ein Werk Millionen von Menschen über z. T. einige Jahrhunderte immer wieder »gefallen«?

Nun ist es aber Fakt, dass es sowohl lebhafte Debatten über die *subjektiv* empfundene Qualität von Literatur gibt als auch einen vermeintlichen, nicht abschließend festgelegten *objektiven* Kanon der Weltliteratur.

Möglicherweise haben also beide Ansätze ihre Berechtigung.

Gehen wir davon aus, dass es so etwas wie einen Kanon der Weltliteratur gibt, dann besteht kein Zweifel, dass Dostojewskis Hauptwerke darin wiederzufinden sind. Ob *Schuld und Sühne*, *Die Brüder Karamasow*, *Der Spieler*, *Der Idiot* oder *Die Dämonen* – alle diese Werke müssen darin einen Platz finden.

Es ist nun ein großes Privileg, wenn ein Autor, der unweigerlich zur Weltspitze der Literaturszene gehört, seine Notizen zu seiner Sicht von Weltliteratur veröffentlicht. Dies ist deshalb ein Privileg, weil hierbei beide eben beschriebenen Ansätze zusammenkommen: Der *objektiv* qualifizierte Dostojewski schreibt *subjektiv* über wiederum *objektiv* qualifizierte Autoren. Anhand dieser kurzen Gedanken Dostojewski lässt sich verstehen, wie Literaturkritik qualitativ hochwertig funktionieren kann.

Dr. Pascal Heberlein

Vorliegende drei Notizen erschienen 1861 in der von Dostojewski redigierten Zeitschrift »Wremja« ohne Unterschrift. Die Autorschaft Dostojewskis ist erst vor kurzem festgestellt worden.

Über Victor Hugo

»Le laid c'est le beau« das ist die Formel, unter die die selbstzufriedene Routine vor etwa dreißig Jahren die Richtung des Talentes von Victor Hugo zu bringen glaubte, indem sie das, was Victor Hugo selbst zur Deutung seiner Idee schrieb, falsch auffaßte und falsch dem Publikum übermittelte. Man muß übrigens gestehen, daß er den Spott seiner Gegner zum Teil selbst verschuldete, da er sich sehr dunkel und herausfordernd rechtfertigte und seinen Gedanken ziemlich ungeschickt erklärte. Der Spott und die Angriffe sind jedoch längst verstummt, aber der Name Victor Hugos stirbt nicht, und vor kurzem, über dreißig Jahre nach dem Erscheinen seines Romans »Notre Dame de Paris« erschien der Roman »Les Miserables«, in dem der große Dichter und Bürger so viel Talent zeigte, die Grundidee seiner

Poesie in einer so künstlerischen Fülle äußerte, daß dieses Werk den Weg durch die ganze Welt machte, alle es lasen und der bezaubernde Eindruck des Romans vollkommen und allgemein war. Man ist schon längst dahinter gekommen, daß die Grundidee Victor Hugos sich nicht durch die von uns oben zitierte, dumme, karikierte Formel charakterisieren läßt.

Seine Idee ist die Grundidee der ganzen Kunst des 19. Jahrhunderts, und Victor Hugo als Künstler war wohl der erste Verkünder dieser Idee. Die Idee ist christlich und hochmoralisch; ihre Formel ist die Aufrichtung eines zu grundegegangenen Menschen, der unter dem ungerechten Drucke der Umstände, des Stillstandes und der öffentlichen Vorurteile zusammengebrochen ist. Diese Idee ist die Rechtfertigung der erniedrigten und von allen verworfenen Parias der Gesellschaft. In einem so künstlerischen Werke wie z. B. »Notre Dame de Paris« ist eine Allegorie natürlich undenkbar. Wem wird auch der Gedanke kommen, daß Quasimodo die Verkörperung des unterdrückten und verachteten, finsteren und verunstalteten mittelalterlichen

französischen Volkes sei, das nur mit einer schreckli-
chen physischen Kraft begabt ist, in dem aber schließlich auch die Liebe und die Sehnsucht nach Gerechtig-
keit erwachen und damit auch das Bewußtsein seines
Rechts und seiner noch unverbrauchten grenzenlosen
Kraft. Victor Hugo ist wohl der erste Verkünder dieser
Idee der »Aufrichtung« in der ganzen Literatur unserer Zeit. Jedenfalls hat er als erster diese Idee mit einer
so großen künstlerischen Kraft in der Kunst ausge-
sprochen. Natürlich ist sie nicht die ausschließliche
Errungenschaft Victor Hugos; im Gegenteil, sie ist
nach unserer Überzeugung der ureigenste Besitz und
vielleicht auch die historische Notwendigkeit des 19.
Jahrhunderts, obwohl man unserem Jahrhundert übrigens vorzuwerfen pflegt, daß es nach den großen
Werken der Vergangenheit auf dem Gebiete der Literatur und Kunst nichts Neues geschaffen habe. Das ist
tief ungerecht. Wenn man alle europäischen Literatu-
ren unserer Zeit verfolgt, so findet man überall Spuren
der gleichen Idee, die sich vielleicht gegen Ende des
Jahrhunderts endlich vollkommen, klar und macht-
voll in irgendeinem großen Kunstwerke verkörpern

wird, um die Bestrebungen und die Charakteristik ihrer Zeit ebenso vollkommen und ewig auszudrücken, wie z. B. die »Göttliche Kemödie« das Zeitalter der mittelalterlichen katholischen Anschauungen und Ideale verkörpert.

Victor Hugo ist zweifellos das stärkste Talent, das in Frankreich im 19. Jahrhundert aufgeblüht ist. Seine Idee machte ihren Weg; selbst die Form des jetzigen französischen Romane ist fast ausschließlich von ihm geschaffen worden. Selbst alle seine riesengroßen Mängel haben fast alle späteren französischen Romanschriftsteller wiederholt. Nun kommt uns jetzt bei dem allgemeinen, beinahe weltumfassenden Erfolg des Romans »Les Miserables« in den Sinn, daß der Roman »Notre Dame de Paris« aus irgendeinem Grunde noch immer nicht ins Russische übersetzt worden ist, während schon so viele Werke der europäischen Literatur bei uns in Übersetzungen erschienen sind. Ich will nicht bestreiten, daß ihn bei uns alle schon früher im französischen Original gelesen haben; aber erstens können ihn nur die gelesen haben,

die Französisch verstehen; zweitens haben ihn auch
kaum alle, die Französisch können, gelesen; drittes
hat man ihn vor sehr langer Zeit gelesen; und viertens
war vor dreißig Jahren die Zahl der Menschen, die
Französisch zu lesen verstanden, verschwindend ge-
ring im Vergleich zu der Zahl derjenigen, die gerne gelesen hätten, aber kein Französisch konnten. Jetzt ist
aber das Lesepublikum vielleicht zehnmal größer als
vor dreißig Jahren. Schließlich, und das ist das Wich-
tigste, es ist schon so lange her. Die Generation von
heute liest wohl kaum die älteren Werke nach. Wir
glauben sogar, daß der Roman Victor Hugos der heu-
tigen Generation der Leser sehr wenig bekannt ist.
Darum haben wir uns entschlossen, in unserer Zeitschrift eine Übersetzung dieses genialen, mächtigen
Werkes zu bringen, um unser Publikum mit dem be-
deutendsten Werke der französischen Literatur bekannt zu machen. Wir glauben sogar, daß dreißig
Jahre eine solche Zeitspanne sind, daß es selbst denen,
die den Roman seinerzeit gelesen haben, nicht zu
schwer fallen wird, ihn wieder zu lesen.

Wir hoffen also, daß das Publikum uns keine Vor
würfe machen wird, weil wir ihm ein Werk vorsehen,
das alle so gut, doch nur dem Namen nach kennen.

Über Edgar Poe und E. Th. A. Hoffmann.

Zwei oder drei Erzählungen von Edgar Poe sind schon in unseren Zeitschriften in russischer Übersetzung veröffentlicht worden. Wir geben hier unseren Lesern noch drei Erzählungen. Es ist ein außerordentlich seltsamer Dichter, seltsam, obwohl von großer Begabung. Seine Werke kann man nicht so ohne weiteres zu den phantastischen zählen; wenn er phantastisch ist, so doch nur äußerlich. Er läßt z. B. die Möglichkeit zu, daß eine ägyptische Mumie, die fünftausend Jahre in einer Pyramide gelegen hat, auf galvanischem Wege lebendig gemacht wird; daß ein Verstorbener, wiederum unter galvanischem Einflusse, über den Zustand seiner Seele berichtet usw. Aber das ist noch keine direkte

Phantastik. Edgar Poe nimmt bloß die äußere Möglichkeit eines unnatürlichen Ereignisses an (welche Möglichkeit er übrigens beweist, zuweilen sogar sehr geschickt) und bleibt nach dieser Annahme in allem übrigen der Wirklichkeit durchaus treu. Ganz anders ist die Phantastik z. B. bei Hoffmann. Dieser verkörpert die Naturkräfte in Gestalten: er läßt in seinen Erzählungen Zauberinnen und Geister auftreten und sucht sogar zuweilen sein Ideal außerhalb des Dunklen, in irgendeiner ungewöhnlichen Welt, welche er für die höhere Welt hält, als glaubte er selbst an die unbestreitbare Existenz einer Zauberwelt ... Edgar Poe kann man eher einen bizarren als einen phantastischen Dichter nennen. Wie seltsam und wie kühn sind seine Einfälle! Er wählt fast immer die ungewöhnlichste Wirklichkeit und versetzt seinen Helden in die ausschließlichste äußere oder psychologische Situation; aber mit welcher Einfühlungskraft, mit welcher erstaunlichen Treue schildert er dann den Seelenzustand dieses Menschen! Außerdem ist in Edgar Poe ein Zug, der ihn scharf von allen anderen Schriftstellern unterscheidet und seine ausgesprochene Eigentümlichkeit bildet: es ist die Kraft des Ausdrucks. Wir wollen damit nicht sagen, daß er an Vorstellungskraft die anderen Schriftsteller übertreffe; aber in seiner Vorstellungsfähigkeit ist eine Eigentümlichkeit enthalten, die wir sonst bei niemand finden: es ist die Kraft des Details. Versuchen Sie einmal, sich etwas nicht ganz Gewöhnliches, oder bloß Mögliches, aber in der Wirklichkeit nicht Vorkommendes vorzustellen; das Bild, das vor Ihnen ersteht, wird immer nur die mehr oder weniger allgemeinen Züge des Ganzen enthalten oder sich aber auf irgendeine bestimmte Einzelheit konzentrieren. Doch in den Erzählungen Poes sieht man alle Details des von ihm entworfenen Bildes oder Ereignisses dermaßen grell vor sich, daß man sich gleichsam von seiner Möglichkeit und Wirklichkeit überzeugt, während dieses Ereignis entweder überhaupt unmöglich oder in Wirklichkeit noch nie vorgekommen ist. So schildert er in einer seiner Erzählungen die Reise nach dem Mond; die Schilderung ist ungemein reich an Einzelheiten, alles ist von Stunde zu Stunde verfolgt, und der Leser ist von der Möglichkeit einer solchen Reise fast überzeugt.

Ebenso ausführlich beschrieb er in einer amerikanischen Zeitung die Fahrt eines Luftballons von Europa nach Amerika über den Ozean. Diese Schilderung war so reich an Details, so genau, so voller unerwarteter, zufälliger Tatsachen und erschien so wahrheitsgetreu, daß viele, und wenn auch nur für wenige Stunden, an diese Fahrt glaubten; man zog Erkundigungen ein, und es stellte sich heraus, daß eine solche Fahrt niemals unternommen worden und der ganze Bericht Edgar Poes nur eine Zeitungsente war. Die gleiche Kraft der Vorstellung oder, genauer gesagt, der Überlegung sehen wir in den Erzählungen vom Verlorenen Brief, von dem in Paris von einem Orang-Utang verübten Mord, vom gefundenen Schatz usw.

Man vergleicht ihn mit Hoffmann. Wir sagten schon, daß dieser Vergleich falsch ist. Außerdem steht Hoffmann als Dichter unermeßlich über Poe. Hoffmann hat ein Ideal, das allerdings ungenau formuliert ist; aber in diesem Ideal ist Reinheit, ist wirkliche, echte, dem Menschen eigene Schönheit. Man sieht es am besten in seinen nicht phantastischen wie z. B. »Meister Martin«, oder in der reizenden, grazidsen Novelle

»Salvator Rosa«. Von seinem besten Werke »Kater Murr« sprechen wir schon gar nicht. Was für ein echter, reifer Humor, was für eine Kraft der Wirklichkeit, was für eine Bosheit, was für Typen und Porträts und dabei was für eine Sehnsucht nach dem Schönen, was für ein lichtes Ideal! Wenn in den Werken Poes überhaupt eine Phantastik ist, so ist es, wenn man sich so ausdrücken darf, eine materielle Phantastik. Man sieht, daß er durchaus Amerikaner ist, selbst in seinen phantastischsten Werken.

Über Schiller

Wir müssen Schiller ganz besonders schätzen, nicht nur weil es ihm gegeben war, ein großer Dichter zu sein, sondern weil er obendrein unser Dichter war. Seine Poesie ist dem Herzen zugänglicher als die Poesie Goethes und Byrons, und das ist sein großes Verdienst; darum hat ihm die russische Literatur auch so viel zu verdanken.

Überhaupt erscheinen viele Dichter und Romanschriftsteller des Westens vor dem Gericht unserer Kritik in einem eigentümlichen, zweifelhaften Lichte. Ganz abgesehen von Schiller, erinnern wir uns einmal daran, wie ungewöhnlich von oben herab unsere Kritik seit den vierziger Jahren z. B. Balzac, Victor Hugo,

Frédéric Soulier, Sue und viele andere behandelt hat. Das war zum Teil die Schuld Bjelinskijs. Alle diese Dichter entsprachen nicht dem Maßstabe unserer allzu realistischen Kritik jener Zeit. Wenn Byron einem grausamen Urteil entgangen ist, so hat er es erstens Puschkin, und zweitens dem Protest zu verdanken, der aus jeder seiner Verszeile spricht. Sonst hätten wir auch ihn der Krone beraubt. Gerade er entsprach am allerwenigsten dem angenommenen Maßstabe.

FSC
www.fsc.org
MIX
Papier aus ver-
antwortungsvollen
Quellen
Paper from
responsible sources
FSC® C105338